Martin Schädler

ERP II und Marktplätze - Konkurrenz oder Symbiose ?

I0013588

Martin Schädler

ERP II und Marktplätze - Konkurrenz oder Symbiose ?

GRIN Verlag

Bibliografische Information der Deutschen Nationalbibliothek: Die Deutsche Bibliothek
verzeichnet diese Publikation in der Deutschen Nationalbibliografie; detaillierte bibliografische Daten sind im Internet über http://dnb.d-nb.de/ abrufbar.

1. Auflage 2004
Copyright © 2004 GRIN Verlag
http://www.grin.com/
Druck und Bindung: Books on Demand GmbH, Norderstedt Germany
ISBN 978-3-638-65226-1

ERP II und Marktplätze:

Konkurrenz oder Symbiose?

Eine Analyse am Beispiel der Automobilzulieferindustrie

Hausarbeit im Informatikschwerpunkt III – Intelligente Systeme

gemäß §7 der Prüfungsordnung für den Weiterbildungsstudiengang WINFOLine
Master of Science in Information Systemsder Georg-August-Universität-
Göttingen, Wirtschaftswissenschaftliche Fakultät in der Fassung vom
26.09.2002.

Autor: Martin Schaedler

Abgabedatum: 02. Okt. 2004

Inhalt

Abbildungsverzeichnis

Abkürzungsverzeichnis

AG	Aktiengesellschaft
B2B	Business to Business
BAPI	Business Application Programming Interface
BD	Business Directory
bspw.	beispielsweise
bzw.	beziehungsweise
ccommerce	Collaborative Commerce
CORBA	Common Request Broker Architecture
CRM	Customer Relationship Management
DAB	Dynamic Auction and Bidding
DMS	Document Management System
EBP	Enterprise Buyer Professional
ebusiness	Electronic Business
EJB	Enterprise Java Beans
ENX	European Network Exchange
ERP	Enterprise Ressource Planning
ERP II	Enterprise Ressource Planning der zweiten Generation
etc.	et cetera
HTTP	Hypertext Transport Protocol
ITS	Internet Transaction Server
KMU	kleinere und mittlere Unternehmen
MM	Material Management
PLM	Product Lifecycle Management
RFQ	Request for Quotation
RPC	Remote Procedure Call
SAP	Systeme, Anwendungen, Produkte in der Datenverarbeitung
SCM	Supply Chain Management
SD	Sales and Distribution
SPLS	Siemens Procurement and Logistics Services
u.ä.	und ähnliche(s)
UDDI	Universal Description, Discovery and Integration
UM	User Management
W3C	World Wide Web Consortium
WAS	Web Application Server
WSDL	Web Service Description Language
XML	eXtensible Markup Language
z.B.	zum Beispiel

1 Einleitung und Zielsetzung der Arbeit

Wie kein anderer Terminus stand der Marktplatzbegriff zur Jahrtausendwende für erfolgskritische Engagements von Unternehmen im eBusiness (electronic business). Der radikale Shakeout-Prozess der letzten 2-3 Jahre hat gezeigt, dass viele Marktplatzgeschäftsmodelle ökonomisch nicht darstellbar sind. Gleichsam ist auch das euphorische Engagement von Unternehmen auf Marktplätzen stark zurückgegangen. Übrig geblieben sind vielerorts relativ orientierungslose eBusiness Strategen und Berater, die auf der Suche nach tragfähigen eBusiness Strategien Marktplätze gegen inhouse Lösungen abzuwägen haben.

Mitten in diese Verunsicherung trifft nun der von Gartner propagierte Begriff des ERP II, quasi die zweite Generation von ERP Systemen. Standen beim ursprünglichen ERP Konzept unternehmensinterne Funktionen und Geschäftsprozesse im Fokus der Betrachtung, betont ERP II kollaborative Aspekte von Geschäftsprozessen. Aspekte, die während des Dot-Com Hypes als integrales Betätigungsfeld für virtuelle Marktplätze galten. Dementsprechend könnte man vermuten, dass das ERP II Konzept die Daseinsberechtigung von Marktplätzen weiter in Frage stellt.

Doch diese Betrachtungsweise ist zu simpel. In den letzten Jahren hat sich einerseits gezeigt, dass B2B (Business-to-Business) Marktplätze durchaus in der Lage sind, kollaborative Geschäftsbeziehungen zwischen Unternehmen erfolgreich abzubilden. Andererseits hat sich eine funktionierende Backendintegration mit Kunden ERP Systemen als wichtiger Erfolgsfaktor für virtuelle Marktplätze herauskristallisiert.

Diese Beobachtung deutet mindestens auf ein komplementäres, wenn nicht symbiotisches Verhältnis von Marktplätzen und ERP Systemen hin. Doch wie stellt sich dieses Verhältnis unter Einbeziehung des ERP II Konzepts dar?

Die vorliegende Arbeit analysiert entsprechend, ob das Verhältnis zwischen ERP II Systemen und Marktplätzen kompetitiver oder symbiotischer Natur ist. Um das Thema umfassend bearbeiten zu können, fokussiert sich die Analyse auf den

Beschaffungsprozess bzw. damit verbundene Teilprozesse und geht insbesondere auf die marktführende Standardsoftware der SAP AG ein.

Zum einheitlichen Verständnis wird eine Definition des Marktplatz- und ERP II – Begriffs vorangestellt. Anhand technischer, funktionaler und wirtschaftlicher Aspekte bzw. Kriterien wird anschließend untersucht, welche Argumente jeweils für ERP II Systeme bzw. Marktplätze sprechen. Hierbei wird klar, dass weniger technische und kostenmäßige, als eher funktionale Aspekte das Verhältnis beeinflussen. Mit anderen Worten: weder Marktplätze noch ERP II Systeme alleine werden in der Lage sein, alle Anforderungen optimal zu erfüllen.

Basierend auf diesen Erkenntnissen wird im praxisorientierten Teil der Arbeit am Beispiel des Automobilzuliefermarktplatzes SupplyOn AG und des ERP Anbieters SAP AG skizziert, wie diese Erkenntnisse in eine konkrete funktionale, technische und wirtschaftliche Symbiose von Marktplatzbetreiber und ERP Hersteller einfließen können.

2 Begriffsdefinition

Um ein einheitliches Begriffsverständnis der verwendeten Terminologie zugrunde legen zu können, werden die zentralen Begriffe der Arbeit definiert. Dies erscheint notwendig, da zum einen kaum ein Begriff in den letzten Jahren mehr strapaziert wurde, als der des virtuellen bzw. elektronischen Marktplatzes. Zum anderen ist das ERP II ein relativ neuer und bislang wenig verbreiteter Begriff.

2.1 Elektronische Marktplätze

Ein Marktplatz im realen Leben wird gemeinhin verstanden als konkreter und räumlich konzentrierter Ort der Zusammenführung der anwesenden Anbieter und Nachfrager zur Durchführung von Geschäftstransaktionen. Typischerweise wird bis auf die Bereitstellung des Marktplatzes selbst keine Mittlerfunktion ausgeübt.[1]

Elektronische Marktplätze sind virtuelle Orte der Zusammenführung von mehreren Anbietern und Nachfragern, die geschäftliche Transaktionen über

---

[1] vgl. [Koll01], S.35

elektronische Datenleitungen anbahnen, schließen und durchführen. Wie auf einem realen Marktplatz wird der Handelsraum von einem Betreiber bereitgestellt. Häufig geht das Engagement des Betreibers über die reine Bereitstellung des virtuellen Transaktionsraums hinaus – er wird zum Intermediär, der Anbieter und Nachfrager aktiv zusammenführt und darüber hinaus Geschäftsabschluss und –abwicklung unterstützen kann. Rüthers / Szegunis gehen sogar so weit, dass sie einen elektronischen Marktplatz mit einem „Online-Intermediär, der fragmentierte Käufer und Verkäufer zusammenführt"[2], gleichsetzen.

Marktplätze lassen sich nach verschiedenen Kriterien kategorisieren, z.B. nach den angebotenen Marktplatzdienstleistungen in [3]

- Schwarze Bretter (Boards): Unterstützen, ähnlich den konventionellen Kleinanzeigen, nur die Anbahnung eines Geschäfts.

- Kataloge: Angebote werden in Form von konsolidierten Katalogen, die Produkte und Dienstleistungen bestimmter Hersteller enthalten, dargestellt.

- Börsen: Ähnlich wie an einer Wertpapierbörse treffen Angebot und Nachfrage zu einem bestimmten Produkt oder Dienstleistung aufeinander, es werden die Transaktionen ermittelt, die zu einem bestimmten Preis geschlossen werden können.

- Auktionen: Bei Verkaufsauktionen (Einkaufsauktionen) geben potentielle Käufer (Lieferanten) Gebote für ein Angebot (Nachfrage) ab, es gewinnt, abhängig vom jeweiligen Auktionsverfahren, der Bieter mit dem höchsten (niedersten) Gebot.

Darüber hinaus können Marktplätze nach Art der aktiven Marktteilnehmer unterteilt werden in

- Consumer-to-Consumer (C2C) Marktplätze, auf denen private Angebote und Nachfragen zusammengeführt werden, wie z.B. Ebay,

- Business-to-Consumer (B2C) Marktplätze, auf denen Unternehmen mit Privatpersonen handeln, wie dies ebenfalls bei Ebay der Fall ist,

---

[2] vgl. [RüSz00], S.
[3] vgl. vgl. [BuKö00], S. 111

- oder die uns im Rahmen dieser Arbeit interessierenden Business-to-Business (B2B) Marktplätze, die den professionellen Nutzern, d.h. Unternehmen, vorbehalten sind.

B2B Marktplätze lassen sich weiter nach dem Verhältnis von Anbietern und Nachfragern abgrenzen. Man spricht von

- Buy-Side Marktplätzen wie Covisint oder SupplyOn in der Automobilindustrie, wenn die Marktplatzinitiative von einkaufenden Unternehmen gegründet und in mehr oder minder starkem Maße gesteuert wird.
- Sell-Side Marktplätzen, wenn Initiative und Einflussnahme auf verkaufende Unternehmen zurückzuführen sind, wie bspw. der Marktplatz der Kunststofferzeuger, Omnexus.
- neutralen Marktplätzen, wenn Gründung und Betrieb durch einen neutralen Marktplatzbetreiber geleistet werden, z.b. der Automobilzulieferermarktplatz „Newtron Automotive" des Softwareherstellers Newtron.

Weitere Einordnungen beziehen sich auf Art der unterstützten Geschäftsprozesse in Anbahnungs- oder Abwicklungsmarktplätze, nach der Branchenfokussierung in horizontale und vertikale Marktplätze, nach der Zugänglichkeit in öffentliche oder private Marktplätze, oder nach der geographische Ausdehnung in regionale und globale Marktplätze.

2.2 Das ERP II Konzept

2.2.1 ERP Systeme

Enterprise Ressource Planning (ERP) ist der Obergebriff für betriebswirtschaftliche Standardsoftware, die Geschäftsprozesse in nahezu allen Funktionsbereichen eines Unternehmens unterstützt. ERP Systeme unterstützen nicht nur – wie der ERP Begriff suggerieren mag – die betriebliche Ressourcenplanung, sondern insbesondere operative Aktivitäten, wie die Disposition von Material, Verbuchung von Kundenaufträgen oder Belegen aus dem Finanz- und Rechnungswesen. ERP Systeme der ersten Generation basieren auf einem monolithischen Softwarepaket, mit einheitlicher Benutzeroberfläche und einheitlichem Datenbestand. Heterogene Applikationen mit häufig redundanten und teilweise inkonsistenten Daten können so durch eine zentrale Anwendungsarchitektur abgelöst werden. Die monolithische Struktur betrieblicher Standard-

softwarelösungen der ersten Generation lässt Unternehmen allerdings wenig Chancen, für bestimmte Geschäftsprozesse oder Funktionsbereiche durch Spezialsoftware anderer Hersteller (Best-of-Breed-Lösungen) zu ersetzen. Software von Drittanbietern muss i.d.R. mit aufwendiger und oft nicht releasefähiger Schnittstellenprogrammierung integriert werden.

ERP Systeme müssen als Standardsoftware auf die individuellen Bedürfnisse des Kunden zugeschnitten („gecustomized") werden. Im Rahmen von Einführungsprojekten ist neben einer Altdatenmigration häufig eine Neuorganisation der Aufbau und Ablauforganisation notwendig. Das Ausmaß des Customizing wird dabei einerseits durch die Fähigkeit und den Willen des Unternehmens bestimmt, eigene Prozesse und Organisationsstrukturen an die Standards des ERP Systems anzupassen. Andererseits entscheidet natürlich das Softwaredesign und ggf. vorhandene branchenspezifische Modifikationen des ERP Standards über den Aufwand zur Anpassung der Software an die Anforderungen des Kundenunternehmens. Gerade im Rahmen von ERP-Einführungsprojekten werden häufig die hohen Kosten beklagt, die durch notwendige Modifikationen entstehen.

2.2.2 Das ERP II Konzept

ERP Systeme der ersten Generation unterstützen insbesondere unternehmensinterne Geschäftsprozesse. In den letzten 10 Jahren hat sich jedoch die Erkenntnis durchgesetzt, dass nicht nur unternehmensinterne, sondern eben auch zwischenbetriebliche Geschäftsprozesse ein umfassendes Optimierungspotential bieten. Diese Erkenntnis ging maßgeblich aus dem Bewusstsein hervor, dass in einer vernetzten, hochgradig arbeitsteiligen Wirtschaft nicht mehr einzelne Unternehmen, sondern ganze Wertschöpfungsketten aus Kunden, Zulieferern und Partnern miteinander konkurrieren. Auf die Abbildung kollaborativer Geschäftsprozesse sind ERP Systeme der ersten Generation nicht (ausreichend) ausgelegt. Doch an virtuellen Organisationsformen, die zwangsläufig überbetriebliche Kooperationen erfordern, ist in der heutigen Unternehmenspraxis nicht mehr vorbeizukommen.[4]

---

[4] vgl. [Schu98], S. 28

Die Kritik an ERP Systemen der ersten Generation manifestiert sich im Wesentlichen in drei Punkten, die vom ERP II Konzept aufgegriffen werden:

- Monolithische Struktur, die eine Integration von Best-of-Breed-Lösungen erschwert
- Aufwendiges Customizing der Standardsoftware aufgrund fehlender oder nicht ausgereifter brachenspezifischer Implementierungen
- Fehlende Schnittstellen und Funktionalitäten zur Kommunikation und Kollaboration mit Fremdsystemen

ERP Systemanbieter haben auf diese neuen Anforderungen reagiert. Zwar bestehen ERP Systeme wie SAP R/3 (bzw. seit 1999 mySAP.com) nach wie vor aus einem monolithischen Kernel. Durch vorkonfigurierte BAPIs (Business Application Programming Interfaces) wird die Integration von Drittanbietersoftware mittlerweile substantiell erleichtert. Dies geht soweit, dass ERP Systemanbieter Standardschnittstellen zu Mitbewerberprodukten in ihre Software integrieren, wie bspw. die Schnittstellen des SAP R/3 Vertriebsmoduls SD (Sales and Distribution) zur Customer Relationship Management (CRM) Software des Mitbewerbers Siebel Systems.

Darüber hinaus wurden neue Softwaremodule wie SAP CRM nicht als Erweiterung des monolithischen Kernels, sondern als separate Softwarekomponenten realisiert und in einem entsprechenden Lizenzmodel modular angeboten. Der monolithische Kern von herkömmlichen ERP Systemen wird somit nach und nach aufgebrochen, auch wenn die marktführenden Systeme wie mySAP, deren Basisentwicklung sicherlich 10 oder mehr Jahre zurückliegt, noch eine sehr zentralistische Anwendungsarchitektur aufweisen.

Weiter sind nahezu alle ERP Anbieter der Forderung nach branchenspezifischen Softwarevariationen in unterschiedlicher Tiefe nachgekommen. Besonders Marktführer wie SAP oder Oracle verfügen heute über ein breites Portfolio von industriespezifischen Varianten, die den branchenspezifischen Customizing-Aufwand erheblich reduzieren können. Mittlerweile sind bspw. von mySAP.com für nahezu alle Branchen vorkonfigurierte Industry Business Solutions (IBUs) vorhanden, z.B. für die Automobilindustrie, Chemie, Pharma, Maschinenbau, Energiesektor, Banken und Versicherungen. Nicht zuletzt haben sich im Umfeld

von ERP Anbietern eine Reihe von Systemhäusern mit häufig branchenspezifischer Ausrichtung angesiedelt, die jeweils vorkonfigurierte Branchenlösungen der Standardsoftware bei Kunden implementieren.

Eine ähnliche Entwicklung haben die Releases von Standardsoftwareprodukten hinsichtlich ihrer Schnittstellenkompatibilität zu Fremdsystemen durchlaufen, wie am oben genannten Beispiel der SD CRM Schnittstelle erkennbar ist. Das aktuelle Release des SAP R/3 Pakets ist heute bezüglich der Schnittstellen zu Fremdsystemen wesentlich offener und integrationsfähiger, als entsprechende Releases vor ungefähr 10 Jahren. Die Kommunikation und Kollaboration mit Fremdsystemen wird dadurch wesentlich vereinfacht.

Neben der Implementierung von Schnittstellen haben nahezu alle großen ERP Hersteller in eigene Produkte investiert, die eine Integration und Kollaboration mit Fremdsystemen ermöglichen. Anfangs waren dies etwa bei SAP noch relativ zaghafte Versuche, die proprietären Frontends (Dynpros) durch Middlewarekomponenten wie den Internet Transaktion Server (ITS) webfähig zu machen. Mittlerweile verfügt SAP mit dem WAS (Web Application Server), der Integrationsplattform XI (eXchange Infrastructure) über Produkte, die eine Integration von Fremdsystemen ermöglichen und auf die jeweiligen ERP Produkte zugeschnitten sind. Darüber hinaus wurde das Produktsspektrum funktional um kollaborative, webfähige Lösungen erweitert. Mit der betriebsübergreifenden Kollaborationslösung cFolders (Collaboration Folders), der modularen CRM Lösung SAP CRM, der Beschaffungslösung SRM (Supplier Relationship Management) oder der webbasierten Ausschreibungs- und Auktionsplattform DAB (Dynamic Auction and Bidding) verfügt SAP heute über eine umfassende, wenn auch nicht vollständige Palette an zwischenbetrieblichen Kooperationslösungen, die sukzessive erweitert werden.

In diesen Entwicklungen zeigt sich, dass ERP Systemanbieter auf die neuen Anforderungen reagiert haben. Im Grundsatz beschreibt die Gartner Group diesen Trend im Rahmen des ERP II Konzepts, allerdings mit wesentlich radikaleren und weitreichenderen Forderungen.[5] Konzeptuell betrachtet ist das

---

[5] vgl. [GART00]

ERP II Konzept nicht nur eine trendkompatible Weiterentwicklung, sondern hat durchaus einen visionären Charakter, der die Behandlung als eigenständiges Konzept rechtfertigt.

Im Kern neu und nicht mit der herkömmlichen unternehmenszentrierten Definition von ERP Systemen zu vereinbaren, ist die starke Betonung des kollaborationsorientierten Ansatzes. cCommerce (Collaborative Commerce) heißt das von Gartner beschworene Szenario. Nicht mehr der einzelne Betrieb mit seinen Prozessen steht im Zentrum der Betrachtung, sondern zwischenbetriebliche Geschäftsprozesse entlang der Wertschöpfungskette. Dabei sollen die für den jeweiligen Prozess am besten geeigneten Softwareprodukte als modular verfügbare Komponenten flexibel integrierbar sein, um eine kostengünstige und flexible Abbildung neuer Unternehmenskooperationen oder Geschäftsprozesse zu ermöglichen. ERP II fordert eine von Grund auf webfähige Architektur, die plattformunabhängig und beliebig skalierbar ist.

2.2.3 Technische Treiber des ERP II Konzepts

Getrieben werden diese weitreichenden Anforderungen durch den rapiden softwaretechnischen Fortschritt der letzten Jahre.

Der Forderung nach modularen Softwarekomponenten, die Anwendungsfunktionen gekapselt zur Verfügung stellen, kommen bspw. die von Sun entwickelte Enterprise Java Bean (EJB) Technologie, die Common Request Broker Architecture (CORBA) oder Microsofts .NET entgegen. EJB erlaubt etwa, konventionelle mySAP.com BAPI Aufrufe zu kapseln und als Beans (Komponenten) zur Verfügung zu stellen. Während sich der plattformunabhängige EJB und CORBA Ansatz langsam annähern, geht Microsoft mit .NET, das bislang nur unter Windows läuft, nach wie vor eigene Wege. Die Kompatibilität komponentenbasierter Funktionalität in zwischenbetrieblichen Kooperationen hängt damit entscheidend von der Wahl der Komponentenarchitektur ab. Zwischenbetriebliche Kooperation in sogenannten „Communities of Interest" sind nur dann möglich, wenn die verwendeten Komponenten auf der gleichen Architektur

basieren. Eine Standardisierung der unterschiedlichen Ansätze ist notwendig, um diese Investitionsunsicherheit zu beseitigen [6]

Mit XML (eXtensible Markup Language) als lingua franka des Internet steht ein standardisiertes, technisch ausgereiftes Vehikel für Repräsentation und Austausch von Geschäftsinformationen zur Verfügung. Jedes moderne Informations- und ERP System ist heute in der Lage, über entsprechende XML Schnittstellen XML Nachrichten auszutauschen und zu interpretieren. XML eignet sich damit sehr gut zur Realisierung der Schnittstellen einzelner Anwendungskomponenten.

Kapselung von Funktionalitäten und standardisierte Schnittstellen sind die Voraussetzungen für Web-Services. Web-Services ermöglichen Komponenten-aufrufe, als wenn die Komponente Bestandteil der eigenen Anwendung wäre. Der eigentliche Funktions- bzw. Web-Service Aufruf wird durch das SOAP Protokoll realisiert, dessen Standardisierung auf eine Initiative von Ariba, IBM, Microsoft und SUN zurück geht.. SOAP ist ein XML basiertes Protokoll, das es – ähnlich konventionellen Remote Procedure Calls (RPCs) – ermöglicht, Funktionsaufrufe auf entfernten Servern durchzuführen. Als Transportprotokoll benutzt SOAP den Hypertext Transport Protocol (HTTP) Standard bzw. dessen verschlüsselte Variante Secure HTTP (HTTPS). SOAP Aufrufe werden dadurch von Firewalls als HTTP Stream identifiziert, den sie durch den i.d.R. freigeschalteten HTTP Port 80 durch die Firewall passieren lassen. In der Praxis ist dies ein entschei-dender Vorteil, da die Freischaltung von externen Zugriffen nur in Ausnahmefäl-len bei IT- bzw. Security-Verantwortlichen durchzusetzen ist.

Die Funktionalität des Web-Services wird als definierte und beschriebene Schnittstelle angeboten, die einen bestimmten Input verlangt und dafür eine entsprechende Information als Ausgabe zurückliefert. Die hinter dem Web-Service liegende technische Komponente ist nicht maßgeblich, allein die Kompatibilität des Web-Services bzw. dessen Schnittstellen ist entscheidend.

---

[6] vgl. [Wett2003], S. 35

Schnittstellen von Web-Services lassen sich mit der XML basierten Web Service Description Language (WSDL) standardkonform beschreiben. Zur Publikation der Web-Service Beschreibung werden Verzeichnisse, Web-Service Directories, genutzt, die alle verfügbaren Web-Services hinsichtlich ihrer Funktionalität und Schnittstelle beschreiben. Das Universal Description, Discovery and Integration Directory (UDDI) ist ein globales, branchenübergreifendes Web-Service Directory mit White Pages, die Adressen, Ansprechpartner und weitere Informationen zu einem Unternehmen enthalten, Yellow Pages, die Dienstleistungen und Produkte beschreiben und Green Pages, die zugehörige Web-Services technisch spezifizieren.

Ist ein Web-Service über ein solches Directory identifiziert worden, sendet der aufrufende Web-Service via HTTP einen SOAP Aufruf und übergibt die Eingabeparameter an den aufgerufenen Web-Service in XML. Die XML Schnittstelle verarbeitet die Eingabeinformation nach dem Black-Box Prinzip und gibt das Ergebnis der Verarbeitung als SOAP Aufruf über HTTP an den aufrufenden Web-Service zurück.

Prinzipiell lassen sich Web-Services zu lose gekoppelten Anwendungen kombinieren, die eine Implementierung von Collaborative Commerce Szenarien darstellen können. Die technische Standardisierung von XML, SOAP, UDDI und WSDL wurde durch das W3C (World Wide Web Consortium), in dem alle großen Softwarehersteller mitarbeiten, vorangetrieben. Diese Standards werden bzw. wurden in den letzten Jahren von nahezu allen ERP Softwareanbietern implementiert.

2.3 Fazit

Die oben dargestellten Darstellungen zeigen, dass ERP II nicht nur ein neuer Trendbegriff ist, sondern Ausdruck eines radikalen Umbruchs in der Wahrnehmung wirtschaftlicher Gegebenheiten. Anbieter von ERP Systemen haben darauf reagiert und bieten mittlerweile Softwarekomponenten mit offenen Schnittstellen, branchenspezifische Lösungen und (mehr oder weniger durchgängige) technische Implementierungen der entsprechenden W3C Standards.

Die dadurch mögliche Abbildung kollaborativer Geschäftsprozesse legt die Vermutung nahe, dass diese Entwicklung das Betätigungsfeld und damit die Existenzberechtigung von elektronischen Marktplätzen weiter kannibalisiert, als dies bei konventionellen ERP Systemen der ersten Generation mit ihrem betriebszentrischen Ansatz der Fall ist. Analog zur Aufgabenstellung soll analysiert entsprechend, ob das Verhältnis zwischen ERP II Systemen und Marktplätzen eher als Wettbewerb oder als Symbiose beschrieben werden kann.

Da diese Fragestellung aufgrund divergierender Geschäftsprozesse, Marktstrukturen und Branchenspezifika pauschal nicht beantwortet werden kann, wird sich die Arbeit im Folgenden auf Teilprozesse im Bereich der Beschaffung konzentrieren. Mittels noch zu bestimmender technischer, funktionaler und wirtschaftlicher Aspekte bzw. Kriterien wird untersucht, welche Argumente jeweils für ERP II Systeme bzw. Marktplätze sprechen.

3 Spannungsverhältnis

ERP bzw. ERP II Systeme sind führende Systeme bezüglich der von Ihnen verwalteten Daten. Daran ändert sich auch in kollaborativen Szenarien nichts. Das Backend ERP II System ist inhaltlich noch für die selben Funktionalitäten gedacht, wie ein ERP System traditioneller Prägung: es ist Ursprung wichtiger betrieblicher Daten und gewährleistet die strukturierte Erfassung, Verwaltung und den Zugriff auf diese Daten.[7]

Sollen diese Daten Kunden, Partnern oder Zulieferern bei betriebsübergreifenden Geschäftsprozessen zur Verfügung gestellt werden, kann dies über eine Erweiterung des eigenen ERP Backendsystems oder durch Teilnahme an einer Marktplatzinitiative geschehen. Doch was hier wie eine binäre Entscheidung zwischen Marktplatz und ERP II Funktionalität anmutet, ist es nur in Teilbereichen. Denn Marktplätze können im B2B Bereich kaum ohne funktionierende Schnittstellen zur Integration unternehmensinterner Systeme auskommen. Daten, die zur Abwicklung kollaborativer Geschäftsprozesse über Marktplätze notwendig sind, werden in den ERP Systemen der jeweiligen Unternehmen gehalten und müssen nach Abschluss eines Geschäftprozesses i.d.R. in diese

---

[7] vgl. [Schm01]

ERP Systeme repliziert werden. Nur so lassen sich Medienbrüche; Aufwände und Übertragungsfehler durch redundante Erfassung von Daten verhindern und Geschäftsprozesse automatisieren. Für Business-Marktplätze sind technisch und funktional ausgereifte Schnittstellen zur Backendintegration heute kein nice-to-have Feature mehr, sondern kritischer Erfolgsfaktor.

Auf der anderen Seite liegt aufgrund nach dem Dot.Com Shakeout existierenden und durchaus erfolgreichen B2B Marktplatzinitiativen die Vermutung nahe, dass Marktplätze sehr wohl Vorteile bieten, die nicht durch ERP Backend Systeme realisiert werden können. Ein gutes Beispiel hierfür ist die Nachfragebündelung auf einem virtuellen Beschaffungsmarktplatz. Wollen mehrere Unternehmen ihr Einkaufsvolumen aggregieren, um ihre Verhandlungsmacht gegenüber den Anbietern zu vergrößern, kann dieser Prozess nicht als Funktionalität eines ERP Systems realisiert werden. Vielmehr muss ein Intermediär vorhanden sein, der die Einzelbedarfe der Nachfrageunternehmen aggregiert, gegenüber Lieferanten und Mitbewerbern anonymisiert und den Verhandlungsprozess funktional abbildet. Ein anderes Beispiel ist die Identifikation neuer Lieferanten anhand strukturierter Lieferantendaten. Auch diese Funktionalität ist nicht über ein ERP II System abzubilden, da Informationen über neue Lieferanten nicht im eigenen System vorliegen. Ein Marktplatz mit einem zentralen Lieferantenverzeichnis ähnlich der konventionellen Seiten, jedoch ergänzt um strukturierte Lieferanten-informationen bzgl. Referenzkunden, Fertigungsstandorte und -möglichkeiten, Maschinenausstattung oder Qualitätszertifizierungen, kann diesen Geschäfts-prozess abbilden.

Allgemeiner gefasst legen diese Ausführungen nahe, dass

1. *Marktplätze zur Abbildung von Geschäftsprozessen auf eine Integration von Backendsystemen zurückgreifen*
2. *ERP und auch ERP II Systeme zur Abbildung von bestimmten Geschäfts-prozessen Marktplätze (bzw. Marktplatzfunktionalitäten) nutzen.*

Diese Aussagen deuten bereits auf ein symbiotisches Verhältnis von Marktplät-zen und ERP II Systemen hin. Symbiotisch insofern, als dass ERP II Systeme und Marktplätze als „ungleiche Systeme" zum wechselseitigen Vorteil koexistie-

ren.[8] Weiter muss in Betracht gezogen werden, dass die dem ERP II Konzept zugrunde liegenden Technologien nicht nur die flexible Abbildung kollaborativer Geschäftsprozesse zwischen Unternehmen, sondern auch zwischen Unternehmen und Marktplätzen ermöglichen. In diesem Sinne kann angenommen werden, dass das ERP II Konzept die Einbindung von Marktplätzen erleichtert und Marktplätzen durch die technischen Treiber wie bspw. Web-Services in die Lage versetzt werden, mit ERP II fähigen Backendsystemen flexibler, effizienter und effektiver zu kommunizieren, als dies bislang der Fall ist.[9] Dies eröffnet bessere Marktchancen für bestehende Marktplatzfunktionalitäten oder die Möglichkeit neuer, marktplatzfähiger Services, die sich mit ERP II Komponenten zu völlig neuen Prozessen kombinieren lassen. Gerade für kleinere und mittlere Unternehmen (KMUs) mag der Betrieb einer eigenen Kollaborationslösung wirtschaftlich nicht darstellbar sein, weshalb Marktplatzfunktionalitäten als kostenmäßig vorteilhafter erscheinen – gerade dann, wenn sie bspw. durch Web-Services flexibel und schnell anzubinden sind. Dementsprechend ist weiter davon auszugehen, dass

3. das ERP II Konzept und dessen technische Treiber der Nutzung von elektronischen Marktplätzen Vorschub leisten

Dafür werden Marktplätze sicherlich einen Teil des funktionalen Kuchens, den sie bislang für sich beansprucht haben, an ERP II Systeme abtreten müssen. Besonders deutlich drückt sich dies in der Beschaffung von Primärgütern und zunehmend auch C-Gütern aus. Entsprechende Funktionalitäten werden von vielen ERP Systemanbietern in bestehende Produkte integriert oder in Form von neuen Komponenten auf den Markt gebracht.[10] Durch die Ausrichtung auf cCommerce können gerade kollaborative Prozesse, die einst als prädestiniertes Geschäftsfeld für Marktplätze galten, im Zuge der weiteren technischen Entwicklung durch ERP II Systeme übernommen:

---

[8] vgl. [KURI71]: in Anlehnung an die aus der Biologie entnommene Terminologie: *Symbiose, die (gr.); -/-n: dauerndes gesetzmäßiges „Zusammenleben" (zweier) ungleicher Lebewesen od. Völker zu wechselseitigem Nutzen.*

[9] vgl. [Wett2003], S. 22

[10] vgl. [Rode01]

4. ERP II Systeme werden perspektivisch „Marktplatzaufgaben" übernehmen (können), indem ihr Funktionsspektrum nach und nach um kollaborative Funktionalitäten ergänzt wird.

In diesem Sinne ist das Verhältnis zwischen Marktplätzen und ERP II Systemen sicherlich ein kompetitives Verhältnis.

Die vier hier vorgestellten Punkte konkretisieren das Spannungsverhältnis von ERP II Konzept und Marktplätzen. Ob das Verhältnis es im Einzelfall eher symbiotischer oder eher kompetitiver Natur ist, kann pauschal nicht beantwortet werden.

Aus Sicht der Marktplatzbetreiber hängt die Antwort entscheidend davon ab, inwieweit sie in der Lage sind, sich technisch kompatibel und funktional komplementär zu ERP II Systemen aufzustellen. Falls ihnen dies gelingt, ist das ERP II Konzept nicht nur als Wettbewerber sondern auch als Treiber ihrer Entwicklung zu interpretieren.

Die Frage ist eben nur, wie sich Marktplatzbetreiber positionieren müssen, um dieser neuen Herausforderung zu begegnen. Eine Antwort auf diese Frage sollen die folgenden Kapitel geben.

3.1 Technische Aspekte

Im bisherigen Verlauf der Arbeit wurde bereits dargestellt, dass funktional und technisch ausgereifte Schnittstellen zur Backendintegration für B2B Marktplätze in aller Regel ein erfolgskritischer Faktor sind. Allgemeiner formuliert, müssen Marktplätze in der Lage sein, mit ERP II Backendsystemen zu kommunizieren, um sich in die zwischenbetrieblichen Geschäftsprozesse einklinken zu können.

Kritisch für diese Kommunikationsfähigkeit ist die Implementierung der in Kapitel *2.2.3 Technische Treiber des ERP II Konzepts* beschriebenen technischen Standards wie XML, SOAP und WSDL, die zur Implementierung von Web-Services dienen. Dies kann bspw. über eine Integrationsplattform geschehen, die entsprechende Marktplatzdienstleistungen als komponentenbasierte Web-Services zur Verfügung stellt. Neben klassischen Anbietern von Integrationsbö-

sungen wie WebMethods, drängen zwischenzeitlich auch ERP Anbieter mit eigenen Produkten auf den Markt. SAP bietet mit der bereits erwähnten XI Plattform eine eigene Integrationsumgebung an, die sowohl über vorkonfigurierte Standardschnittstellen zu konventionellen Backend ERP Systemen verfügt, als auch die Bereitstellung von neuen ERP II Technologien, wie Web-Services und weiteren Diensten die auf XML bzw. SOAP basieren, erlaubt.[11]

Die Bereitstellung von Marktplatzfunktionalitäten als Web-Services beseitigt für Marktplätze ein großes Problem. Wie in *2.2.3 Technische Treiber des ERP II Konzepts* dargestellt wurde, müssen für die Kommunikation über SOAP bzw. HTTP keine sicherheitskritischen Modifikationen, wie Portfreischaltungen, auf der Firewall durchgeführt werden. Für viele Unternehmen ist genau dieser Freischaltungsprozess bislang ein Sicherheitshindernis, da die Firewall sukzessive „durchlöchert" und somit anfällig für Hacker Angriffe wird. Da einer Freischaltung i.d.R. durch Sicherheitsbeauftragte der Unternehmen zugestimmt werden muss, wird sie besonders kritisch untersucht und im Zweifel untersagt. Auch wenn auf technischer Ebene Sicherheitsbedenken häufig entkräftet werden können, ist diese subjektive Wahrnehmung ein entscheidender Hindernisgrund für die Backend Kommunikation mit Marktplätzen.

Doch Web-Service ist nicht gleich Web-Service, auch wenn die Standardisierung auf technischer Ebene mittlerweile ein hohes Niveau erreicht hat. Wie XML definiert der SOAP Standard nur die technische Basisschicht, also Transport und Funktionsaufruf. Eine semantische Standardisierung, wie sie im EDI Bereich in den letzten Jahrzehnten stattgefunden hat, fehlt bislang.

In diese Lücke stoßen (wie vom ERP II Konzept prognostiziert) mehr und mehr proprietäre, hersteller- oder branchenspezifische „Pseudo-Standards",[12] was zu erheblichen Investitionsunsicherheiten bei den entsprechenden IT Entscheidern führt. Schließlich kann niemand garantieren, dass sich ein spezifischer Standard am Ende durchsetzt. Marktplätze, die zukünftig erfolgreich Web-Services anbieten wollen, müssen mehr tun, als nur warten. Als Intermediär können sie eine zentrale Rolle bei Definition und Standardisierung von Web-Services

---

[11] vgl. für detaillierte Informationen zu XI [BuKö00], S. 19ff

[12] vgl. [Fess03]

spielen, insbesondere wenn sie über eine kritische Maße von Kunden verfügen und bereit sind, mit Standardisierungsorganisationen wie der Web Services Interoperability Organization (WS-I) zusammenzuarbeiten.

Über private (d.h. nicht öffentliche) Implementierungen von sog. private UDDI Directories[13] können Marktplätze mit vernünftigem Aufwand spezifische Standardisierungsansätze von Web-Services innerhalb ihrer Community testen und so neben aktiver Standardisierungsarbeit umfangreiche Erfahrung mit Implementierung und Betrieb von Web-Services sammeln.

3.2 Funktionale Aspekte

Kritisch für den Erfolg einer Marktplatzinitiative ist neben den technischen Möglichkeiten schlichtweg die Bereitstellung der richtigen, d.h. „marktplatzfähigen" Funktionalitäten. Sinngemäß ist die Frage zu beantworten, welche Geschäftsprozesse überhaupt über einen Marktplatz abgewickelt werden sollen bzw. welche eher durch eine funktionale Erweiterung im Rahmen des ERP II Konzepts abzudecken sind. Hierin äußert sich am deutlichsten der kompetitive Charakter von ERP II Konzept und Marktplatzkonzept.

Um diese Frage zu beantworten, werden im Folgenden anhand von Thesen einige Kriterien zur Bewertung von Geschäftsprozessen definiert, die eine Einordnung in Marktplatz- bzw. ERP II – Funktionalität erlauben.

3.2.1 Standardisierungspotential

These 1: Je höher das Standardisierungspotential eines Geschäftsprozesses und der ausgetauschten Daten ist, desto eher wird ein elektronischer Marktplatz mit seiner Vielzahl an Geschäftspartnern diesen Prozess durch eine Funktionalität bzw. Komponente abbilden können.

Die Standardisierung von Geschäftsprozessen und Datenformaten ist eine grundlegende Anforderung im Rahmen der Entwicklung von Marktplatzfunktionalitäten. Ansonsten ist die Funktionalität nicht für eine kritische Maße an Kunden geeignet oder es müssen für jeweils spezifische Ausprägungen von Geschäftsprozessen und Nachrichtenformaten verschiedene Lösungen bzw. Lösungsvari-

---

[13] vgl. http://uddi.org/solutions.html

anten bereitgestellt werden, was Wartung und Betrieb extrem komplex und kostenintensiv gestalten.

Ein gutes Beispiel hierfür ist die Ausschreibung von Produktionsmaterial. Zum einen muss der Ausschreibungsprozess hinsichtlich der Funktionalitäten standardisiert werden. Es muss bspw. geklärt werden, ob eine Ausschreibung durch einen Einkäufer vorzeitig beendet, modifiziert oder gelöscht werden darf, ob ein Lieferant eine Ausschreibung ablehnen kann oder ob alle oder nur einzelne Positionen beantwortet werden müssen.

Auf Basis der Prozessdefinition muss weiter standardisiert werden, welche Daten in welchem Format vom Einkaufsmodul des Backend ERP Systems geliefert werden müssen. Nur wenn die Semantik und Format, d.h. Bedeutung und Struktur der Kommunikation standardisiert werden, ist die entsprechende Marktplatzkomponente für eine kritische Masse von Kunden „integrierbar".

Das Standardisierungspotential lässt sich auf folgendem Kontinuum erfasst:

Bild 1: Standardisierungspotential

3.2.2 Komplexität der Geschäftslogik

These 2: Je komplexer Geschäftsprozesse bzw. Funktionalitäten sind, desto geringer ist die Wahrscheinlichkeit, dass sie erfolgreich durch Marktplätze implementiert werden.

Zwischen der Komplexität eines Geschäftsprozesses und der Komplexität der Funktionalität, die notwendig ist, um diesen Geschäftsprozess abzubilden besteht i.d.R. eine positive Korrelation: komplexe, variantenreiche Geschäftsprozesse können nur durch entsprechend komplexe Funktionalitäten, die die Logik des entsprechenden Prozesses enthalten, abgebildet werden.

Zum einen ist die Spezifikation, Entwicklung und der Betrieb einer solchen Funktionalität mit hohen Kosten verbunden. Zum anderen ist anzunehmen, dass gerade sehr komplexe Geschäftsprozesse schwieriger zu standardisieren sind, als vergleichsweise einfachere. Dies wird deutlich, wenn man das obige Beispiel der Ausschreibung von Produktionsmaterial mit dem Beschaffungsprozess indirekter (C-) Güter über eine Kataloglösung vergleicht. Die Beschaffung von C-Gütern ist deutlich weniger komplex und aufgrund ihrer branchenneutralen Ausprägung einfacher zu standardisieren.

Folgende Darstellung verdeutlicht dies:

Bild 2: Komplexität der Geschäftslogik

3.2.3 Dynamik der Kommunikationsbeziehungen

These 3: Je höher die Dynamik der Geschäftsbeziehungen in einem Prozess ist, desto eher ist er zur Abbildung über Marktplätze geeignet.

Die elektronische Kommunikation mit Geschäftspartnern erzeugt, genauso wie die konventionelle Kommunikation, Aufwände, die tendenziell mit der Anzahl der Kommunikationspartner wachsen. Wickelt ein Unternehmen einen hohen Prozentsatz seines Geschäfts konstant mit einem oder wenigen Geschäftspartnern ab, halten sich diese Kosten i.d.R. in wirtschaftlich erträglichen Grenzen. Müssen jedoch Geschäftsbeziehungen zu einer großen und heterogenen Anzahl von Geschäftspartnern hergestellt und implementiert werden, steigen diese Kosten stark an. Diese Aussage ist weniger von der letztendlich mit einem Geschäftspartner ausgeführten Anzahl von Transaktionen abhängig, als eher durch die fixen Kosten der Herstellung und Aufrechterhaltung der Kommunikationsbeziehung.

Ein Beispiel aus der Beschaffungsbereich soll dies verdeutlichen. Fährt ein Unternehmen keine Single Sourcing Strategie, wird es, wie die Robert Bosch

GmbH im Rahmen der Jahrespreisanfrage, ständig neue, zusätzliche Lieferanten in den Anfrageprozess einbeziehen und ständig neue Geschäftsbeziehungen etablieren. Hier können Marktplätze durch ihre m:n Ausrichtung einen entscheidenden Mehrwert bringen. Ist ein Unternehmen an den Marktplatz angeschlossen, können durch seine Einkäufer alle registrierten Lieferanten elektronisch angefragt und nach positivem Abschluss über eine Web-EDI Funktionalität in die Logistikkette integriert werden.

Das ERP II Konzept zielt zwar ebenfalls auf die flexible und fallweise Integration von Geschäftspartner ab. Ein Marktplatz ist hier dennoch überlegen, da die Geschäftspartner nicht mehr integriert, sondern lediglich in die Kommunikation miteinbezogen werden müssen.

Diese Überlegungen führen zur folgenden Darstellung:

Bild 3: Dynamik der Kommunikationsbeziehungen

3.2.4 Sicherheitsanforderungen

These 4: Je höher die Sicherheitsanforderungen eines Geschäftsprozesses bzw. der darin ausgetauschten Information ist, desto weniger ist er zur Abbildung über Marktplätze geeignet.

SOAP erleichtert zwar den technischen Zugriff auf Informationen hinter der Firewall eines Unternehmens. Ob das Unternehmen jedoch grundsätzlich bereit ist, bestimmte Informationen außerhalb der eigenen, meist durch mehrere Firewalls geschützten Unternehmensgrenzen elektronische auszutauschen, ist eine andere Sache. Gerade elektronische Marktplätze werden hier als besonders sicherheitskritischer Bereich wahrgenommen,

- weil die Information nicht mehr im Unternehmen verbleibt, sondern außerhalb des eigenen Einflussbereichs gelangt,
- weil die Information digital gespeichert und somit theoretisch beliebig und unkontrolliert vervielfältigt werden kann,

- weil auf Marktplätzen eben nicht nur Geschäftspartner, sondern auch Mitbewerber aktiv sind,

- weil es für Unternehmen meist intransparent und von außen schwer kontrollierbar ist, ob und in welchem Maße Marktplätze Sicherheitsstandards implementieren und einhalten.

Das folgende Beispiel aus der Automobilindustrie unterstützt diese Vermutung. Unternehmen, wie Robert Bosch GmbH oder die ZF Group kommunizieren Hausnormen über Marktplätze mit ihren Lieferanten, etwa im Rahmen von Anfragen oder Änderungsdiensten. Die wesentlich vertrauenskritischeren CAD Zeichnungen, in denen teilweise ein Entwicklungsaufwand im dreistelligen Millionenbereich steckt, werden jedoch nach wie vor physikalisch oder durch spezielle ENX (European Network Exchange) Verbindungen im Point-to-Point Verfahren übertragen.

Bild 4: Sicherheitsanforderungen

3.3 Kostenaspekte

Kostenaspekte spielen heute, nachdem viele Unternehmen ihre IT Budgets deutlich nach unten korrigiert haben, eine wesentlich wichtigere Rolle bei der Entscheidung für eine eigene Lösung oder eine Marktplatz.

Ein Marktplatz ist in der Lage, eine Reihe von Kostenblöcken, wie Produktentwicklung, Implementierung, technische und personelle Betriebskosten und den Support der Marktteilnehmer auf n Kunden umzulegen.[14] Unternehmen, die eine ERP II Lösung entwickeln und betreiben, werden diese Kosten alleine tragen müssen.

---

[14] vgl. [BuKö00], S. 214

In der Praxis ist dennoch zu beobachten, dass gerade unternehmensinterne IT-Abteilungen aus taktischen Gründen auf Eigenentwicklungen drängen, um Argumente für höhere Budgets, neue Mitarbeiter o.ä. zu gewinnen. Dementsprechend werden häufig die Kosten der eigenen Lösung „schöngerechnet", indem z.b. mit „eh-da-Kosten" argumentiert wird: die Internetverbindung besteht eh, ein Rechner ist eh schon im Serverraum vorhanden, die zur Realisierung notwendigen Mitarbeiter sind eh schon da. Diese Annahmen sind zwar betriebswirtschaftlich nicht korrekt, werden landläufig dennoch oft akzeptiert. Darüber hinaus lässt sich auch schwer nachvollziehen, ob einer der größten Kostenblöcke, die Implementierung, von der IT-Abteilung realistisch abgeschätzt wurde.

Leichter nachzuvollziehen sind die Kosten der Betriebsorganisation, die z.B. durch Registrierung, Beratung und Betreuung von Lieferanten entstehen. Große Automobilzulieferer wie die Robert Bosch GmbH, ZF Group oder Siemens VDO pflegen Geschäftsbeziehungen mit bis zu 4.000 Lieferanten. Ein Lieferant versorgt im Durchschnitt fünf Kunden.[15] Die entsprechenden Kosten lassen sich somit auf bis zu fünf einkaufende Unternehmen umlegen.

Bezüglich der technischen Implementierungskosten von ERP II Funktionalitäten bzw. Marktplatzkomponenten ist ohne Detailbetrachtung nicht seriös für oder gegen eine Marktplatzteilnahme zu argumentieren. Sicher scheint jedoch, dass sich gerade kleinere Unternehmen den Aufbau und Betrieb einer eigenen eBusiness Lösung oft nicht leisten können.[16] Dies gilt in besonderem Maße für die oben dargestellten Kosten der Betriebsorganisation.

3.4 Bewertung

Die bislang erörterten Perspektiven erheben keinen Anspruch auf Vollständigkeit. Strategische Aspekte spielen gerade bei großen Unternehmen sicherlich auch eine wichtige Rolle. Die Entscheidung des VW Konzerns, sein ERP System durch eine eigene Plattform für Lieferanten[17] zu erweitern, anstatt sich dem Automobilherstellermarktplatz Covisint anzuschließen, war in weiten Teilen von der strategischen Überlegung getrieben, sich von Mitbewerbern durch eine

---

[15] vgl. [BuKö00], S. 214

[16] vgl. [Pfan00]

[17] vgl. http://www.vwgroupsupply.com

eigene, internetfähige und voll ERP integrierte Beschaffungslösung zu differenzieren.[18]

Insgesamt lässt sich aus diesem Kapitel jedoch ableiten, dass es weniger technische und kostenmäßige, als eher funktionale Aspekte sind, die das Spannungsverhältnis von Marktplätzen und ERP (II) Systemen konkretisieren. Betrachtet man die Vielzahl der unterschiedlichen Teilprozesse, die bspw. Entwicklung, Beschaffung und Logistikabwicklung in der Automobilindustrie charakterisieren, werden sich sowohl Teilprozesse identifizieren lassen, die eher durch ein ERP II System oder eher durch Marktplätze abgebildet werden können. Eine durchgängige Prozessintegration konzentriert sich damit für kein Unternehmen in einer binären Entscheidung für oder gegen Marktplätze. Vielmehr werden Unternehmen Marktplätze perspektivisch über die selben technischen Verfahren in ihre Wertschöpfungskette integrieren, wie ihre Geschäftspartner. Voraussetzung hierfür ist eine technisch und funktional kompatible Ausrichtung von ERP II Systemen und Marktplätzen.

Wie eine erfolgreiche Symbiose zwischen ERP II Anbieter und Marktplatz-dienstleister aussehen kann, wird im folgenden am Beispiel der SupplyOn AG als Betreiber eines Automobilzulieferermarktplatzes und dem Standardsoftware-anbieter SAP AG dargestellt.

4 Ein Beispiel aus der Automobilindustrie

4.1 SupplyOn und SAP

Gegründet im Jahr 1972 hat sich der Walldorfer Konzern SAP mittlerweile zum weltweit führenden Anbieter von Unternehmenssoftware entwickelt, der mit ca. 54% mehr Marktanteile besitzt, als seine nächsten drei Wettbewerber Oracle (14%), Peoplesoft (11%) und JD Edwards (5%) zusammen.[19] Das Unternehmen bietet unter der 1999 eingeführten Dachmarke mySAP ein breites Spektrum branchenübergreifender und –spezifischer Lösungen an, die in den letzten Jahren durch webfähige Infrastrukturkomponenten wie XI, eine Portalinfrastruk-tur oder den SAP Web Application Server (WAS) und webbasierte Funktionalitä-

---

[18] vgl. [Hofm03]

[19] vgl. [FAZ03]

ten wie die cFolders, die DAB oder das SAP Business Directory (BD) ergänzt wurden. Die seit 2002 auf dem Markt befindliche Beschaffungslösung mySAP SRM ermöglicht einkaufenden Unternehmen, den Beschaffungsprozess mit ihren Lieferanten via Internet abzubilden. mySAP SRM beinhaltet ein eigenes User Management für die Registrierung von Lieferanten, Verwaltung von Lieferanteninformationen, kollaborative Lösungen für den Engineeringprozess, eine Auktions- und Ausschreibungsfunktionalitäten und eine Kataloglösung.

Einer Analyse[20] der Gartner Group zufolge wird SAP in zwei Jahren der dominierende Spieler auf dem Markt für betriebswirtschaftliche Standardsoftware der zweiten Generation (ERP II) sein.

Die im Januar 2000 von den führenden Tier 1 Automobilzulieferern Robert Bosch GmbH, INA Schaeffler KG, ZF Friedrichshafen AG, Continental AG und der SAP AG als Technologiepartner gegründete SupplyOn AG betreibt den gleichnamigen B2B Buy-Side Marktplatz[21] für Automobilzulieferer, dem sich mittlerweile mehr als 3.700 Zulieferer nachfolgender Tier Stufen angeschlossen haben. SupplyOn ist international ausgerichtet und bietet seinen Kunden einen breiten und standardisierten Funktionsumfang für nahezu alle Teilprozesse des Collaborative Engineering, Beschaffung und Logistikabwicklung. Nahezu alle Funktionalitäten, die SupplyOn anbietet, sind durch die SAP auf Basis von SAP Standardsoftwareprodukten wie mySAP SRM, mySAP PLM, der DAB oder mySAP SCM (Supply Chain Management) entwickelt worden. Die einzelnen Funktionalitäten des Marktplatzes werden über die SAP Integrationsplattform XI miteinander integriert, so dass neben einer Integration der Einzelkomponenten eine zentrale Verwaltung von Benutzer- und Unternehmensstammdaten möglich ist. Darüber hinaus fungiert XI als zentrale Plattform für Kundenbackendschnittstellen zu den Einzelkomponenten des Marktplatzes.

---

[20] vgl. [Gart02]
[21] http://www.SupplyOn.com

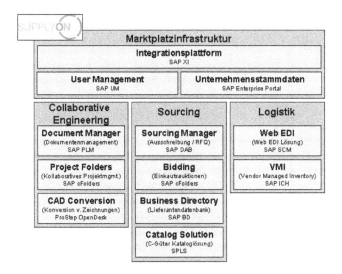

Bild 5: Struktur des SupplyOn Marktplatzes

Wie aus dem Schaubild ersichtlich ist, bietet SupplyOn eine Reihe von Lösungen an, die sich ebenso als inhouse bzw. ERP basierte Lösungen implementieren und betreiben lassen. Teilweise kommt es zu direkten Überschneidungen mit der SAP Produktpalette. Dies gilt etwa für den SupplyOn Document Manager, der im direkten Wettbewerb zum SAP Document Management System (DMS), einer mySAP PLM Teilkomponente, steht oder der SupplyOn Sourcing Manager, der eine ähnliche Funktionalität bereitstellt, wie der SAP Enterprise Buyer Professional (EBP). Ähnliches gilt für die übrigen SupplyOn Funktionalitäten. Dies führt zur paradox anmutenden Situation, dass der eigene Technologiepartner bzw. aus SAP Sicht, der eigene Kunde, gleichzeitig als direkter Wettbewerber am Markt auftritt – mit Produkten, die teilweise auf der selben Standardsoftware basieren!

Häufiger ist es in der Praxis zu Überschneidungen von SupplyOn und SAP Vertriebsaktivitäten gekommen, in deren Rahmen ein potentieller Kunde für eine Beschaffungslösung zeitgleich von SupplyOn- und SAP-Vertriebsmitarbeitern angesprochen wurde, wobei die jeweilige Argumentation gegenläufig war: SAP Vertriebsmitarbeiter argumentieren für die mySAP SRM Lösung und gegen eine Marktplatzlösung, SupplyOn Vertriebsmitarbeiter argumentieren umgekehrt. In der Kundenwahrnehmung führte dies zu Verwirrung und Investitionsunsicherhei-

ten, da SAP vom Markt einerseits als Mitbewerber zu SupplyOn und andererseits als Investor und Technologiepartner wahrgenommen wird. Um diese unangenehme Situation zu beseitigen, verständigen sich SupplyOn und SAP derzeit auf ein neuartiges Kooperationsmodell, das wesentliche Züge einer Symbiose von Standardsoftwarehersteller und Marktplatzbetreiber im ERP II Umfeld trägt.

4.2 Symbiose – ein Kooperationsansatz

Im Kern trägt das Kooperationsmodell von SAP und SupplyOn den im Kapitel *3 Spannungsverhältnis* dargestellten Erkenntnissen Rechnung. Die Kooperation ist aufgrund der branchenspezifischen Ausrichtung des SupplyOn Marktplatzes auf die Automobilindustrie beschränkt.

4.2.1 Technisch kompatible Komponenten

Durch den Einsatz der SAP Integrationsplattform XI ist der Marktplatz SupplyOn in der Lage, seine Komponenten über eine einheitliche Plattform zu integrieren und zur Kundenseite Standardschnittstellen anzubieten, die sich an die Komponenten des mySAP SRM Moduls anbinden lassen. Dies kann zum einen über konventionelle RPC Schnittstellen, aber auch über Web-Services geschehen.

Bei der Entwicklung und Umsetzung der Integrationsschnittstellen war die Tatsache, dass SAP sowohl Anbieter des branchenspezifischen mySAP SRM Automotive Moduls als auch Marktplatztechnologiepartner ist, von großem Vorteil, da die Kommunikation von Marktplatz- und ERP-Technologie über identische Schnittstellen realisiert werden konnte.

4.2.2 Komplementäre Komponenten

Wie bereits dargestellt wurde, überschneidet sich der funktionale Umfang von mySAP SRM- und Marktplatzfunktionalitäten erheblich. Sowohl Marktplatz wie SRM Lösung bieten

- Funktionalitäten zur Registrierung und Verwaltung von Lieferanten.
- zur Qualifikation und Auswahl von Lieferanten
- Funktionalitäten für Ausschreibungen und Einkaufsauktionen

Ausgangspunkt der folgenden Überlegung ist, dass SupplyOn aufgrund standardisierter Prozesse und der großen Lieferantenbasis bestimmten Stand Alone Funktionalitäten des mySAP SRM überlegen ist. Der Marktplatz verfügt im Gegensatz zu einer „leeren" SRM Implementierung über eine große Anzahl registrierter Lieferanten, eine hochgradig strukturierte Lieferantendatenbank mit umfangreicher Datenbasis zur Auswahl von Lieferanten und eine standardisierte Ausschreibungs- und Auktionsfunktionalität, über die alle registrierten Lieferanten angefragt werden können. Für ein einkaufendes Unternehmen sind diese Faktoren in doppelter Hinsicht von Vorteil. Lieferantenregistrierung und -management entfällt und der Betrieb einer eigenen Lösung für Registrierung, Lieferantendatenmanagement und Ausschreibungen / Einkaufsauktionen wird durch den Marktplatz abgedeckt.

Doch die jeweiligen Stammdaten der Beschaffung, Materialstammdaten, Bedarfsdaten u.a. sind nach wie vor im ERP System des einkaufenden Unternehmens. Eine durchgängige Abbildung des Beschaffungsprozesses kann somit nur durch eine Integration von Marktplatz und SRM erreicht werden. Folgendes Schaubild zeigt, wie der Beschaffungsprozess durch eine Integration von Marktplatzfunktionalitäten und mySAP SRM lückenlos abgebildet werden kann:

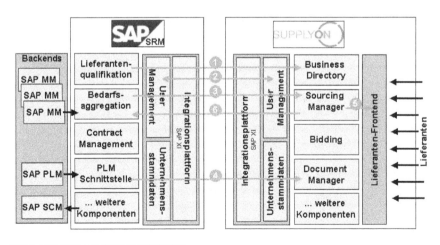

Bild 6: Integration von SRM und Marktplatz

1. Zur Lieferantenqualifikation kann ein Einkäufer auf die strukturierten Lieferantendaten des SupplyOn Business Directories zugreifen.

2. Sind geeignete Lieferanten ausgewählt, können die Stammdaten über eine Synchronisation der Benutzer- und Unternehmensdaten ins SRM Modul eingespielt werden.

3. Im SRM Modul definiert der Einkäufer nun Materialbedarfe und selektiert die bereits qualifizierten und synchronisierten Lieferantendaten für eine Ausschreibung. Die im SRM konsolidierten Bedarfe mehrerer mySAP MM (Material Management) Materialdispositionssysteme können im Rahmen der nun folgenden Ausschreibung vom SRM Modul an den SupplyOn Sourcing Manager konsolidiert übergeben werden.

4. Der Ausschreibung mitgeltende Dokumente (Normen, Spezifikationen etc.) werden zeitgleich vom PLM Backend an den Marktplatz übergeben und so den Lieferanten zur Verfügung gestellt. Am Ende der Ausschreibung kann der Einkäufer entscheiden, ob er die Preisbildung beenden will oder alternativ mit den besten Lieferanten eine zusätzliche Auktion durchgeführt wird, um den Einkaufspreis weiter zu senken.

5. Über den SupplyOn Marktplatz werden die Lieferanten zur Teilnahme an der Ausschreibung aufgefordert.

6. Nach Zuschlagsvergabe werden die Ausschreibungsdaten als Materialdisposition ins SRM synchronisiert und im MM (Material Management) Backend Modul als Bestellung erfasst. Eine Schnittstelle zur mySAP SCM Komponente ermöglicht zusätzlich die Integration in die Logistikabwicklung.

Aus Sicht des einkaufenden Unternehmens stellt der Marktplatz zum SRM kompatible Dienste bereit, die eine kostengünstigere Implementierung des Beschaffungsprozesses ermöglichen, als eine Stand Alone SRM Lösung ohne Marktplatzanbindung.

Die kommerziellen Rahmenbedingungen der Kooperation werden im Moment verhandelt. Denkbar ist ein Modell, indem der SAP Vertrieb die Einzelkomponenten des SupplyOn Marktplatzes den SAP SRM Kunden als komplementäre Dienstleistung für Lieferantenregistrierung und Qualifikation, Ausschreibung und

Dokumentenmanagement anbietet und dafür einen entsprechende Provision von SupplyOn erhält.

4.3 Kostenaspekte

Wie oben bereits erörtert wurde, bietet die Integration von Marktplatzkomponenten in den Beschaffungsprozess erhebliche Kosteneinsparungen bei Lieferantenmanagement und Lösungsbetrieb. Dem gegenüber stehen zwar zusätzliche Aufwände für die Integration der Marktplatzlösungen und Wartung der Schnittstellen. Da sowohl SRM- als auch Marktplatzschnittstellen Integrationsschnittstellen des selben Herstellers zugrunde liegen und beide Lösungen branchenspezifische Standards implementiert haben, kann von einem hohen Standardisierungsniveau ausgegangen werden. Allfällige, aufwändige Anpassungen von Schnittstellen können somit minimiert werden.

Literatur

[BuKö00]	Buxmann, Peter; König, Wolfgang; Fricke, Markus; Hollich, Frank; Diaz, Martin; Weber, Sascha: Zwischenbetriebliche Kooperationen mit my-SAP.com. 2. Aufl., Springer, Berlin 2000.
[FAZ03]	Oracle setzt Attacken auf Peoplesoft fort. In: Frankfurter Allgemeine Zeitung vom 14.06.2003, S. 14.
[Fess03]	Feßenbecker, Matthias: Web Services - Revolution für EAI und B2B? http://www.temeus.com/default.asp?CID=209. Abruf am 2003-09-22
[Gart02]	SAP:Transformation or Adaptation? http://symposium.gartner.com/docs/symposium/itxpo_orlando_2002/documentation/sym12_17h.pdf. Abruf am 2003-09-22
[Hofm03]	Hofmann, Martin: Ungenutztes Potential. In: Automobilindustrie 7-8/2003, S. 19.
[Koll01]	Kollmann, Tobias: Virtuelle Marktplätze: Grundlagen – Management – Fallstudie. Vahlen, München 2001.
[Kuri71]	Kuri, Eugen F.: Das große Fremdwörterbuch. Deutscher Bücherbund, München 1971
[Pfan00]	Pfander, Matthias: Alles über B2B e-Commerce. http://www.infoweek.ch/archive/a_single.cfm?artikelx=4452. Abruf am 2003-09-22
[Rode01]	Roderer, Ulrich: E-Procurment braucht keine Marktplätze. Information Week 25/2002. http://www.informationweek.de/index.php3?/chanels/channel04/022514.htm. Abruf am 2003-09-22
[RüSz00]	Rüther, Michael; Jörn Szegunis: Einführung Elektonische Marktplätze. Fraunhofer ALB, Paderborn 2000.
[Schm01]	Schmid, Hannes: ERP-Systeme leben weiter. Information Week 6/2001. http://www.informationweek.de/index.php3?/channels/channel06/010655.htm. Abruf am 2003-09-22
[Schu98]	Schuh, Günther; Eisen, Stephan; Friendli, Thomas: Business Networks – Flexibilität im turbulenten Umfeld. In: Heilmann, Heidi (Hrsg.): Theorie und Praxis der Wirtschaftsinformatik, HDM 200/1998. dpunkt.verlag, Heidelberg 1998.
[Wett2003]	Wettklo, Michael; Schultze, Marc-Andreas: ERP-Strategien im Collaborative Business - ERP in der Sackgasse? Detecon International GmbH,. Frankfurt, 2003.

Eidesstattliche Erklärung

Ich versichere, dass ich die vorliegende Hausarbeit selbständig verfasst und keine anderen als die angegebenen Quellen und Hilfsmittel benutzt habe. Alle Stellen, die wörtlich oder sinngemäß aus Veröffentlichungen oder anderen Quellen entnommen sind, sind als solche kenntlich gemacht.

Die Arbeit hat in gleicher oder ähnlicher Form noch keiner Prüfungsbehörde vorgelegen.

Konstanz, den 30. September 2003

Martin Schaedler